Midinai Gomes Bezerra

Le marketing appliqué aux bibliothèques universitaires

Midinai Gomes Bezerra

Le marketing appliqué aux bibliothèques universitaires

Une revue de la littérature

ScienciaScripts

This book is a translation from the original published under ISBN 978-3-330-77205-2.

Publisher:
Sciencia Scripts
is a trademark of
Dodo Books Indian Ocean Ltd. and OmniScriptum S.R.L publishing group

120 High Road, East Finchley, London, N2 9ED, United Kingdom
Str. Armeneasca 28/1, office 1, Chisinau MD-2012, Republic of Moldova, Europe
Managing Directors: Ieva Konstantinova, Victoria Ursu
info@omniscriptum.com

Printed at: see last page
ISBN: 978-620-8-64077-4

RÉSUMÉ

Je le dédie à Dieu, la plus grande expression de ma vie, car sans lui, les victoires n'auraient pas été possibles.

MERCI DE VOTRE ATTENTION.

Tout d'abord, je voudrais remercier Dieu pour les bénédictions immenses et infinies qu'il m'a accordées. Même si je ne le mérite pas, il ne m'a laissé manquer de rien et, dans mes moments d'indécision, il m'a montré le bon chemin à suivre.

À mes parents Belo Gomes et Maria Bezerra, pour m'avoir enseigné la voie à suivre et m'avoir soutenu dans chacune de mes décisions.

À mes frères, qui sont nombreux, presque innombrables, et qui ont fait partie de ma vie, me donnant des exemples à suivre et à partager.

À mes nombreux amis. À ceux qui sont loin, pour la force et la motivation qui m'ont réconforté, même à distance, dans les moments les plus difficiles. À ceux qui sont près de moi, pour les moments agréables et détendus, les luttes, mais à la fin nous pouvons compter sur la victoire.

Enfin, à tous ceux qui, de près ou de loin, m'ont aidé à atteindre les objectifs que je m'étais fixés dès le début du stage...

MERCI !!!!!!!!

Confiez vos actions à l'Éternel, et vos pensées seront affermies.

Proverbes 16:3

RÉSUMÉ

Il aborde la question du marketing appliqué aux bibliothèques universitaires. Elle soutient que dans le contexte actuel, le 21e siècle, le marketing est un outil qui génère des avantages pour toute organisation, car il s'agit d'une philosophie de gestion qui crée et ajoute de la valeur aux procédures adoptées dans ces organisations. En ce sens, la recherche en question a pour but d'analyser le marketing appliqué aux bibliothèques universitaires et, plus précisément, de conceptualiser le marketing par le biais d'un examen historique jusqu'à aujourd'hui, de définir les bibliothèques universitaires dans le contexte actuel et de vérifier la valeur du marketing par le biais de ses pratiques appliquées aux bibliothèques universitaires, en démontrant comment il peut être mis en œuvre. La méthodologie utilisée a consisté en une recherche bibliographique dans des sources d'information électroniques et conventionnelles telles que des livres, des articles scientifiques et autres, afin d'obtenir une base théorique et méthodologique. Il a été constaté que l'adoption de techniques de marketing contribue à la gestion des unités d'information et est considérée comme une proposition innovante qui facilite l'accès et l'atteinte du public cible et des objectifs proposés par l'unité. L'étude conclut que les bibliothèques universitaires devraient appliquer le marketing de manière stratégique afin d'optimiser leurs services, d'atteindre les objectifs proposés et d'améliorer la relation client-organisation, entre autres avantages.

Mots clés :   Marketing des bibliothèques. Bibliothèques universitaires. Bibliothèques universitaires - Gestion.

1 INTRODUCTION

La société du début du 21ème siècle, dite société de l'information (SI), est basée sur la circulation massive d'informations qui peuvent être transformées en connaissances, lesquelles, lorsqu'elles sont correctement assimilées et appliquées, génèrent le développement de cette même société. Cela contribue à la transformation de cette société et nous amène à un nouveau paradigme. Les changements en cours sont d'ordre économique, politique et social. La société change dans son ensemble. Dans cette phase de libre accès et de connaissance, il y a un ensemble proportionnel de transformations provoquées par les progrès technologiques ainsi que de nouvelles façons d'organiser la commercialisation et la production.

Dans cette société, on peut parler de société de l'information ou de société de la connaissance, dont les technologies de l'information et de la communication sont les marqueurs et dont l'économie est basée sur la connaissance. La société de l'information se traduit par une explosion de l'information due à l'accélération du processus de production et de diffusion de l'information, dont la caractéristique principale est la valeur élevée des activités produites et, surtout, l'utilisation intensive des technologies de l'information et de la communication.

Il faut souligner que la grande production d'informations a apporté de nombreux avantages, tels que les progrès de la production scientifique, de la communication, du traitement des données et, surtout, la grande demande d'informations, mais qu'en contrepartie, elle a posé aux êtres humains le problème de la satiété d'informations.

Dans cette perspective, en raison de l'augmentation accélérée du flux d'informations et de l'intérêt porté à la transformation de l'information en produit, la préoccupation des professionnels qui s'occupent de la réception, du traitement et de la diffusion de toute cette masse d'informations existante apparaît, dans la recherche d'une meilleure utilisation, le professionnel de l'information est considéré comme le médiateur entre les fournisseurs d'informations, les utilisateurs et les technologies de l'information.

En ce qui concerne les pratiques visant à mieux satisfaire l'utilisateur final, le marketing est apparu comme un outil au service des professionnels de l'information. Le marketing naît de la large circulation des biens de consommation, où la forte concurrence et la grande compétitivité sont des facteurs d'élaboration et d'adoption de nouvelles stratégies dans la recherche de clients réels et potentiels et de fidélisation des consommateurs. D'abord appliqué aux organisations rentables, dans le seul but de réaliser un profit financier, le marketing est aujourd'hui devenu une alternative fructueuse pour les organisations à but non lucratif. Un exemple est l'utilisation de stratégies de marketing dans les bibliothèques universitaires, qui rapproche les avantages de son application de l'utilisateur et de l'organisation, facilitant ainsi l'identification des besoins des utilisateurs et la recherche de solutions possibles qui rendront ces utilisateurs fidèles à l'organisation grâce à une bonne utilisation des produits et des services qu'elle met à leur disposition.

La justification du développement de ce sujet tourne autour de la question suivante : dans la société moderne, il est nécessaire d'examiner et de mieux comprendre comment des stratégies telles que le marketing sont utilisées dans les bibliothèques universitaires, qui sont caractérisées comme des institutions à but non lucratif. Bien qu'il y ait une préoccupation consolidée en termes de production académique, il est

6

toujours nécessaire de réfléchir davantage à la question car la société change et impose de nouveaux besoins au domaine organisationnel. L'avancée croissante des pratiques modernes de diffusion des produits est due à la nécessité pour les bibliothèques de s'adapter afin de mieux utiliser les avantages offerts par ces pratiques.

Il appartient au bibliothécaire professionnel de choisir, parmi les nombreuses possibilités commerciales et administratives, celle qui permet le mieux de fournir des services d'information dans son unité.

Le choix de ce thème a été motivé par le désir d'approfondir le sujet après quelques années d'expérience dans le secteur des bibliothèques, ainsi que par la volonté de mieux développer les services de bibliothèque pour la communauté des utilisateurs.

L'objectif est de montrer brièvement les avantages de l'utilisation du marketing dans les bibliothèques universitaires, afin que ce service appliqué à l'environnement de l'information permette de mieux faire connaître les produits et les services de ces unités.

A travers une revue de la littérature bibliographique et électronique, l'objectif est de montrer qu'il est de la plus haute importance d'utiliser des outils de marketing dans les bibliothèques universitaires, en observant les nouvelles tendances qui sont pratiquées dans ce domaine.

L'objectif général de cette étude est d'analyser le marketing tel qu'il s'applique aux bibliothèques universitaires. Les objectifs spécifiques sont de conceptualiser le marketing à travers une revue historique jusqu'à aujourd'hui, de définir les bibliothèques universitaires dans le contexte actuel et de vérifier la valeur du marketing à travers l'utilisation des pratiques de marketing telles qu'elles s'appliquent aux bibliothèques universitaires.

La méthodologie utilisée dans cette recherche consiste en une recherche bibliographique et électronique, à travers une revue de la littérature qui sera utilisée comme procédure méthodologique dans le but d'obtenir une base théorique et méthodologique pour le développement concret de la recherche et la formalisation du travail monographique.

Dans ce contexte, la recherche est divisée en plusieurs parties. Dans le deuxième chapitre, le sujet du marketing sera d'abord abordé en termes généraux, en discutant du concept de marketing, de ses origines et de son évolution, et en terminant par la question de l'application du marketing dans les organisations à but non lucratif.

Le troisième chapitre se concentre sur la bibliothèque en tant qu'organisation à but non lucratif, où une approche de l'histoire et de l'importance de la bibliothèque est décrite, en mettant l'accent sur la bibliothèque universitaire.

Dans le quatrième chapitre, la question du marketing appliquée aux bibliothèques universitaires sera présentée, en mettant en évidence le plan de marketing et le marketing mix appliqués aux bibliothèques, ainsi qu'en décrivant les 4P du marketing mix, qui sont le produit, le prix, la promotion et le lieu. Enfin, les considérations finales sont exposées.

2 MARKETING

Avec l'avènement de nouvelles formes de pratiques informationnelles et les changements induits par les grandes transformations qui ont eu lieu peu après la révolution industrielle, avec l'utilisation des technologies de l'information qui émergent chaque jour, on peut dire que tous les secteurs sont impliqués dans ce tourbillon de changements. Dans le secteur économique, les organisations se préoccupent d'améliorer les services qu'elles fournissent et de satisfaire leurs clients.

Au cours de ce siècle, les entreprises doivent être à l'écoute des consommateurs et de leurs concurrents, qu'ils soient grands ou petits. En d'autres termes, la concurrence est le moteur des organisations. C'est pourquoi les professionnels de la publicité utilisent des outils pour étudier le marché, les consommateurs et créer des produits et des services qui répondent aux besoins de leurs clients.

Dans ce contexte, le marketing est actuellement l'outil qui génère le plus de succès pour toute organisation ou entreprise dans le monde, quel que soit le secteur d'activité, car il s'agit d'un art qui crée et donne une valeur simple aux clients, en les aidant à devenir encore meilleurs.

Dans son sens le plus strict, le marketing peut être compris comme "l'élaboration d'actions sur le marché", le client étant le principal agent de cette action, car tous les objectifs marketing bien appliqués fidélisent les clients, en cherchant à comprendre leurs besoins actuels et futurs afin de développer leurs produits et services. Kotler (1998, p. 29) affirme que le marketing naît lorsque des personnes décident de satisfaire leurs besoins et leurs désirs par l'échange.

2.1 CONCEPTS DE MARKETING

Les concepts et définitions de ce qu'est le marketing ont été présentés par différents auteurs en fonction de l'époque à laquelle ils ont été formulés, mais l'idée principale demeure dans chacun d'entre eux. Selon Kotler (1994, p. 20) :

Le marketing est l'analyse, la planification, la mise en œuvre et le contrôle de programmes soigneusement formulés et conçus pour fournir des échanges volontaires de valeur avec le marché cible afin d'atteindre les objectifs de l'organisation [...].

Selon Kotler, pour que les objectifs des organisations soient atteints, il faut d'abord analyser les activités de l'entreprise pour pouvoir ensuite planifier, et ce n'est qu'ensuite que l'on pourra mettre en œuvre et contrôler les actions visant à atteindre l'objectif principal de l'entreprise, à savoir le profit et la satisfaction du client.

L'AMA - American Marketing Association (2004 apud LAS CASAS, 2009, p. 7) a redéfini le marketing comme suit :

Le marketing est une fonction organisationnelle et un ensemble de processus qui impliquent la création, la communication et la fourniture d'une valeur ajoutée au client, ainsi que la gestion des relations avec la clientèle d'une manière qui profite à l'organisation et à ses parties prenantes.

En raison des changements actuels dans l'application du marketing, où l'échange et les relations ont une valeur pour les organisations, Las Casas (2009, p. 15) a proposé une mise à jour de sa définition du marketing :

Le marketing est le domaine de connaissances qui englobe toutes les activités liées

10

aux relations d'échange visant à créer de la valeur pour les consommateurs, dans le but d'atteindre certains objectifs pour les entreprises ou les individus à travers des relations stables et en tenant toujours compte de l'environnement dans lequel ils opèrent et de l'impact que ces relations ont sur le bien-être de la société.

Compte tenu de cette définition, on peut considérer que le marketing vise à échanger des valeurs entre les organisations et les clients, où les organisations créent de la valeur et de la qualité pour satisfaire les clients, en leur apportant du bien-être dans cet échange de valeurs.

Selon Kotler et Armstrong (2000, p. 3), le concept de marketing repose sur les termes les plus importants : besoins, désirs et demandes, produits, valeur, satisfaction et qualité, échange, transaction et relations et marchés. Pour eux, "le marketing est le processus social et managérial par lequel les individus et les groupes obtiennent ce dont ils ont besoin et ce qu'ils veulent en créant et en échangeant des produits et des valeurs avec d'autres".

Pour Cobra (2011, p. 20), il est important de comprendre que le marketing doit être considéré comme une philosophie, car il établit une norme de conduite pour l'entreprise dans laquelle les besoins des consommateurs doivent définir les caractéristiques des produits ou des services à produire et les quantités respectives à offrir.

Au vu de la perception du sujet par différents auteurs, le marketing peut être compris comme l'intérêt des organisations à rester actives sur le marché dans lequel elles sont insérées, en vue d'échanger des produits et, surtout, de satisfaire leurs clients. Ce que les spécialistes du marketing ont en commun dans leurs définitions, c'est qu'ils recherchent avant tout l'échange de produits ou de services qui intéressent leurs consommateurs, et ils diffèrent en fonction de l'époque à laquelle leurs concepts ont été formulés ou du domaine d'activité dans lequel le concept de marketing est censé s'appliquer. S'il n'est pas bien défini, le marketing peut être compris simplement comme la publicité, la réclame ou la vente, et est même perçu par certains comme un outil pour tromper les gens, déguiser les qualités réelles d'un produit et inciter l'acheteur à consommer des biens.

Les pages qui suivent se concentrent sur les origines et l'évolution du marketing, dans le but de clarifier les connaissances sur la façon dont il est né et a évolué jusqu'à ce qu'il soit appliqué aujourd'hui.

2.2 ORIGINE ET ÉVOLUTION DU MARKETING

Le marketing, en tant que domaine de connaissance, englobe un ensemble d'activités comprenant la planification, la conception et la mise en œuvre, qui visent à répondre aux besoins des clients, à identifier les besoins et à créer des opportunités pour les produits ou les services fournis par les organisations. Selon Madruga (2006, p.18), les débuts du management remontent au début du 20e siècle, avec le changement de vision du secteur de la production dû à la réforme protestante et le changement de l'éthique, de la vision et de la compétitivité des commerçants. Les pratiques administratives traditionnelles ont été modifiées en vue d'augmenter le rendement des bénéfices, avec l'innovation scientifique, la réduction des risques afin de réaliser des bénéfices par le biais d'activités entrepreneuriales.

L'évolution de l'administration a ensuite eu lieu après la révolution industrielle, avec les transformations de la rationalisation des activités de production qui, comme l'explique Madruga (2006, p.19), ont donné naissance à l'école classique, qui traite de la théorie de l'administration scientifique et de la théorie de la gestion administrative. La manière de planifier les activités, d'organiser et de coordonner les tâches des travailleurs sont les changements qui se sont produits dans la gestion.

Jusqu'à aujourd'hui, de nombreuses tendances ont été développées en vue de nouvelles formes de gestion. Dans un monde en constante évolution, il est peu probable que les spécialistes de la gestion parviennent à un consensus sur la manière de gérer un marché, cela dépendra toujours des réalités du marché de chacun. Le marketing suit donc les concepts de gestion où l'accent est mis sur la production, les ventes et le client comme point central des stratégies élaborées, ce dernier étant le facteur qui détermine l'échec ou le succès de l'organisation.

Selon Las Casas (2009, p.8), l'évolution du concept de marketing est basée sur le changement de la commercialisation, qui a traversé trois phases :

L'ère de la production : [...] la demande était supérieure à l'offre. Les consommateurs étaient avides de produits et de services. La production était presque artisanale. Avec la révolution industrielle sont apparues les premières industries organisées appliquant la gestion scientifique de Taylor. La productivité a augmenté. Malgré cela, l'idée des entrepreneurs et la disponibilité des ressources étaient des facteurs déterminants pour la commercialisation.

L'ère de la vente (années 1930) : [...] les premiers signes d'une offre excédentaire commencent à apparaître. Les fabricants se développent et produisent en masse. En conséquence, l'offre commence à dépasser la demande et les produits s'accumulent dans les stocks. Certaines entreprises commencent à utiliser des techniques de vente beaucoup plus agressives et la commercialisation des entreprises est alors entièrement axée sur la vente.

L'ère du marketing (années 1950) : [...] les entrepreneurs ont commencé à se rendre compte que la vente à tout prix n'était pas une méthode de marketing très correcte. Les ventes ne sont pas constantes. Le plus important était de gagner et de conserver des affaires à long terme, en maintenant des relations permanentes avec les clients. C'est pourquoi, à cette époque, le consommateur est davantage pris en considération. Tous les produits devaient être vendus sur la base de leurs désirs et de leurs besoins.

L'analyse des trois périodes permet de constater qu'à l'ère de la production, il y avait peu de produits et beaucoup de consommateurs intéressés par des produits et des services en pénurie. Dans l'ère de la vente, qui a eu lieu après la révolution industrielle, les produits excédentaires ont commencé à rester en stock sans consommateurs, ce qui a poussé les producteurs à investir dans des techniques de vente par le biais d'offres importantes. Enfin, dans l'ère du marketing, les producteurs ont commencé à s'intéresser au plaisir des clients, en les plaçant au centre de leurs ventes et de leurs offres.

En raison des progrès réalisés dans l'application du marketing dans les entreprises, de nombreuses organisations se sont trouvées dans l'obligation d'adopter des pratiques de marketing dans leur environnement organisationnel. Dans ce contexte, il est devenu nécessaire pour les organisations à but non lucratif de suivre ces pratiques, comme nous le verrons dans la section suivante.

2.3 LE MARKETING DANS LES ORGANISATIONS À BUT NON LUCRATIF

La direction des organisations qui ne sont pas axées sur le profit est de plus en plus conscient de l'importance du marketing dans la promotion de leurs produits et services. Compte tenu de la nécessité pour ces organisations de se faire connaître et d'être bien considérées par les clients qui consomment leurs produits et services, il est intéressant d'utiliser des techniques pour atteindre leurs objectifs.

Dans cette perspective, Kotler (1998, p. 24) aborde le sujet comme suit :

La raison fondamentale pour laquelle une organisation à but non lucratif s'intéresse aux principes formels du marketing est qu'ils permettent à l'organisation d'être plus efficace dans la réalisation de ses objectifs. Dans une société libre, les organisations dépendent des échanges volontaires pour atteindre leurs objectifs. Il faut attirer des ressources, stimuler les employés, trouver des clients. La planification d'incitations appropriées est une étape importante pour stimuler ces échanges. Le marketing est la science la plus concernée par le contrôle effectif et efficace des échanges.

On peut ainsi constater que les organisations à but non lucratif se concentrent principalement sur la valeur d'échange pour atteindre leurs objectifs, grâce à des ressources qui attirent l'attention de leurs clients afin qu'ils deviennent des consommateurs réels et potentiels. Ces organisations visent principalement à satisfaire leurs clients, qui constituent leur public cible, ainsi qu'à attirer des ressources pour convaincre d'autres publics.

[1]Selon Kotler et Andreasen (1996 apud SHIRAISHI ; CAMPOMAR), les organisations à but non lucratif qui adoptent une orientation marketing moderne

---

1 Document en ligne non daté et non paginé.

présentent certaines caractéristiques :

Ils sont orientés vers le client ;

*Ils n'ont qu'*une confiance limitée dans les enquêtes ;

Les S ont tendance à se segmenter ;

S définissent largement leur concurrence ;

Les S ont des stratégies qui utilisent tous les éléments du marketing mix, et pas seulement la communication.

Toutes ces lignes directrices pour le marketing des organisations à but non lucratif contribuent à promouvoir leurs produits et services auprès du public, en apportant satisfaction et efficacité à l'objectif de l'activité de marché. En d'autres termes, même si les ressources financières ne sont pas au cœur du processus de développement des activités, ces organisations ne sont pas dépendantes de ce processus, mais s'efforcent plutôt de remplir leur mission dans la sphère organisationnelle, en faisant des ressources financières un moyen et non une fin.

L'un des éléments les plus importants que le marketing doit développer dans les organisations qui ne sont pas axées sur le profit est l'image qu'il peut avoir aux yeux de son public et, sur la base de cette perception, élaborer des tactiques pour que son public cible lui donne la préférence dans les produits et les services qu'il fournit. Selon Baptista (2004, p. 50), le marketing peut être utilisé comme un outil pour changer l'image d'une organisation ou pour l'évaluer.

Qui sont donc ces organisations à but non lucratif qui se soucient de promouvoir leurs services ? Par exemple, les églises, les fondations, les écoles, les hôpitaux, les groupes sociaux, les bibliothèques et les organisations non gouvernementales (ONG) répondent à cette exigence. L'utilisation croissante du marketing dans les secteurs public et à but non lucratif a été une opportunité pour ceux qui gèrent les organisations.

En ce qui concerne la bibliothèque, étant donné qu'il s'agit d'une organisation qui dispose de produits et de services d'information et qui utilise des outils de prestation de services pour mieux servir ses utilisateurs, le marketing est utilisé comme approche pour évaluer, planifier et mettre en œuvre ces produits d'information, en vue d'examiner si la mission de la bibliothèque est remplie. Compte tenu de ce qui précède, la section suivante traitera du sujet de la bibliothèque et de la manière dont elle contribue au contexte étudié.

3 BIBLIOTHÈQUE

Depuis l'aube de son existence, l'homme s'est préoccupé d'enregistrer son histoire par le biais d'informations consignées sur divers types de supports, avec l'intention ou non que ses descendants sachent ce qui lui est arrivé. Tout au long de l'histoire de l'humanité, les bibliothèques sont comme un pont qui porte toute cette histoire, caractérisant l'individu face à la multiplication rapide de l'information, ainsi que l'accès à cette grande collection d'informations.

Dès sa création, la bibliothèque a imposé sa valeur informative, comme l'affirme Milanesi (2002, p. 21), "[...] l'idée primitive de la bibliothèque : le résultat du désir et du besoin presque instinctif de pouvoir utiliser des informations qui pourraient être significatives plusieurs fois".

Pour ce faire, il faudrait que les connaissances soient enregistrées de manière à pouvoir être retrouvées et utilisées ultérieurement pour satisfaire les besoins de ceux qui les consultent. Comme le dit Sousa (2008. p. 28) à propos de la bibliothèque :

Unité d'information dont la collection est systématiquement organisée en vue de son utilisation efficace ; elle sert de source de lecture, d'étude et de recherche, son but étant de contribuer au développement culturel et intellectuel de l'homme, qu'il soit de nature individuelle ou collective. À ce titre, elle est considérée comme un moyen universel et permanent d'auto-éducation.

En résumé, on peut en déduire que la bibliothèque offre un accès à l'information à des publics variés, aux caractéristiques différentes, mais qui ont en commun le désir d'acquérir de nouvelles connaissances par la lecture, la réflexion et l'étude, apportant ainsi un développement intellectuel et personnel.

Compte tenu de ce qui précède, pour qu'un individu ait des connaissances, il a besoin d'informations, c'est-à-dire d'un ensemble de données qui produisent un certain sens pour quelqu'un et s'expriment à travers diverses données interdépendantes qui, lorsqu'elles sont bien assimilées, produisent des connaissances pour l'individu qui reçoit ces informations. Selon Barreto (2004) :

L'information accorde le monde. En tant qu'onde ou particule, elle participe à l'évolution et à la révolution de l'homme vers son histoire. En tant qu'élément organisateur, l'information renvoie l'homme à son destin, avant même sa naissance, à travers son identité génétique, et au cours de son existence, à travers sa compétence à élaborer de l'information pour établir son odyssée individuelle dans l'espace et le temps.

En ce qui concerne la définition précédente, il convient de souligner que depuis la création de l'homme, l'information fait partie du processus de développement et d'existence de l'humanité en tant qu'instrument qui transforme et modifie la conscience, apportant des avantages à la société dans laquelle elle est insérée.

La bibliothèque étant un espace où les pratiques d'information s'inscrivent dans le développement de ses actions quotidiennes, il s'ensuit que sans information, la bibliothèque n'aurait pas de raison d'être.

Selon Araùjo (1999, p.155), les pratiques d'information sont des actions de réception, de génération et de transfert d'informations qui se déroulent dans des réseaux d'information qui prennent place dans des formations sociales. En tant que telle, la réception a lieu au moment de l'action de sélection de l'information, la génération lorsque la valeur est ajoutée à l'information et le transfert au cours du processus de socialisation de l'information.

La bibliothèque est un lieu où sont stockés et conservés des documents d'information de différents formats et de différentes époques, dans le but de récupérer et de diffuser l'information qui existe dans son environnement.

Selon Lemos (1998, p. 348), le concept de bibliothèque serait le suivant :

Collection de documents imprimés (livres, périodiques, affiches, cartes, etc.) ou non imprimés tels que films, photographies, bandes sonores, disques, microformes, CD-ROM, programmes informatiques, etc. organisée et conservée pour la lecture, l'étude et la consultation.

Ainsi, les espaces qui mettent à disposition des documents imprimés ou non imprimés favorisant la lecture, la réflexion et la diffusion de l'information sont des ressources d'information appelées bibliothèques. Les bibliothèques sont généralement organisées dans le but de récupérer l'information disponible dans leur espace, ce qui leur confère des caractéristiques communes quant à leur objectif de répondre aux besoins d'information des utilisateurs. Un exemple de bibliothèque est présenté dans la figure ci-dessous :

Image 1 - Bibliothèque du parc Manguinhos

SOURCE : Bibliothécaires sans frontières.

Depuis sa création jusqu'à aujourd'hui, la bibliothèque a évolué en même temps que les moyens d'information qui rendent l'information disponible, car à mesure que la société a progressé, la bibliothèque s'est adaptée à de nouvelles façons de satisfaire les besoins de ses utilisateurs chercheurs.

Dans cette perspective, la bibliothèque fait partie de la société en tant qu'institution sociale qui, en plus de transmettre des connaissances, contribue à la construction de nouvelles connaissances. Mais pour qu'elle soit comprise comme une institution sociale, comme le souligne Lemos (1998, p. 347), certaines conditions préalables doivent être remplies :

➢ Intention politique et sociale ;

➢ et les moyens de son renouvellement permanent ;

➢ le besoin d'organisation et de systématisation ;

➢ Une communauté d'utilisateurs réels ou potentiels ;

➢ le lieu, l'espace physique où se déroule la rencontre entre les usagers et les services de la bibliothèque.

En d'autres termes, pour qu'une bibliothèque puisse atteindre tous ses objectifs, elle doit mettre en place une politique qui suive les tendances du temps et de l'espace et remplisse son rôle principal de diffuseur d'informations.

Dans ce contexte, pour que la bibliothèque puisse fournir de meilleurs services à son public cible, elle a dû être divisée en types de bibliothèques avec des informations spécifiques pour les intérêts de publics exclusifs, la bibliothèque universitaire étant l'objet de cette étude, qui sera abordée dans la section suivante.

2.4 BIBLIOTHÈQUE UNIVERSITAIRE (BU)

Les établissements d'enseignement supérieur (EES) sont des environnements qui encouragent le développement de la recherche, de l'enseignement et de la vulgarisation, jouant un rôle fondamental dans le contexte éducatif. Les universités sont chargées de former des individus capables de se forger une opinion, de créer de nouvelles connaissances à partir d'informations établies et, grâce à ces nouvelles connaissances, de se qualifier pour le marché du travail et d'atteindre leurs objectifs.

L'un des objectifs des bibliothèques universitaires au sein des EES est de fournir des informations à la communauté universitaire, composée d'enseignants, d'étudiants et de chercheurs en général, en apportant un soutien à la recherche, qui est l'un des éléments fondamentaux de l'existence de l'enseignement supérieur.

Sur la base d'une étude sur l'importance de l'UB au sein des EES, Milanesi (1993, p. 69) déclare que :

La bibliothèque universitaire devrait être la concrétisation la plus immédiate d'une des caractéristiques de l'institution qu'elle sert : la mise à jour permanente des connaissances. C'est à l'université d'agir dans le sens d'être à la frontière du savoir pour l'élargir.

Le plus grand intérêt pour une BU de qualité devrait être centré sur les efforts de l'université, qui devrait faciliter le soutien pour permettre aux connaissances actuelles et présentes d'élargir la collection existante afin que la bibliothèque puisse remplir son rôle fondamental au sein des universités et des collèges. La BU est appliquée dans le contexte universitaire dans le but d'enregistrer l'information et de la préserver de manière organisée afin de pouvoir la retrouver plus tard si nécessaire :

La bibliothèque universitaire devrait fonctionner comme un véritable service de documentation, non seulement en conservant mais aussi en diffusant des documents. Elle sera ainsi mieux à même de servir les universitaires et les chercheurs (PRADO, 1981, p. 16).

Selon la citation ci-dessus, l'objectif des BU en fournissant leurs services est de jouer le rôle de dépositaire de diffusion, où l'information publiée dans le passé, l'information exprimée dans le présent et l'information sur ce qui pourrait être publié dans le futur restent dans leur espace, en gardant les utilisateurs de l'académie à jour avec la vaste collection mise à disposition.

Selon Silva (2006 apud NEVES et al, 2008. p.4) la mission de la bibliothèque universitaire est de :

> Fournir des services d'information pour les activités de recherche,

d'enseignement et de vulgarisation ;

> Promouvoir l'accès, la recherche et le transfert d'informations pour l'ensemble de la communauté universitaire, en collaborant au développement scientifique, technologique et culturel de la société dans son ensemble ;

> Fournir l'infrastructure bibliographique, documentaire et d'information pour soutenir les activités de l'université, en centrant ses objectifs sur les besoins d'information des membres de la communauté universitaire.

D'une manière générale, la bibliothèque universitaire a pour mission de fournir des services d'information compatibles avec les activités d'enseignement, de recherche et de vulgarisation dans le domaine académique, afin de permettre à ses utilisateurs d'accéder à l'information et de la rechercher en vue d'un développement intellectuel, qui puisse être mis à la disposition de l'ensemble de la société dans laquelle elle opère. La bibliothèque universitaire est chargée de fournir à la communauté universitaire les documents d'information dont elle a besoin.

Il est donc essentiel que la mission de l'UB soit conforme à l'objectif de l'établissement d'enseignement supérieur afin que la fourniture de services d'information et la promotion de l'accès à l'information et de la recherche d'information soient intégrées dans la réalité des deux organisations et qu'elles parviennent à atteindre leurs objectifs.

La bibliothèque universitaire a de nombreuses fonctions et diverses procédures pour offrir des produits et des services. Il s'agit d'une organisation dont l'objectif fondamental est l'accès à la connaissance, permettant aux enseignants, aux étudiants et aux chercheurs de la consulter afin d'apprendre tout au long de leur vie.

[2]Dans son étude sur les bibliothèques universitaires, Cunha (2010) considère que :

[...] ces bibliothèques, ainsi que les institutions qui les hébergent, qu'elles soient publiques ou privées, ont été considérées comme les principaux fournisseurs de connaissances enregistrées. Dans le contexte de l'enseignement supérieur en particulier, lorsque les utilisateurs recherchent des informations fiables, ils se tournent vers la bibliothèque universitaire presque comme unique source d'information.

Même avec l'avènement des technologies de l'information, où de nombreuses informations sont disponibles sous différents formats, l'UB reste l'une des sources que l'utilisateur recherche avec le plus de qualité et de précision afin de trouver des documents plus facilement. Au sein de la BU, des professionnels qualifiés comblent le fossé entre l'accès à l'information et l'accès à l'utilisateur.

Compte tenu de la nouvelle réalité des bibliothèques qui s'adaptent au secteur du marché, il est intéressant de mentionner que les pratiques administratives et de marketing telles que l'adoption du marketing dans l'environnement de l'information sont importantes aujourd'hui. Ainsi, selon Silva (2008, p.15), on peut dire que :

Transformer l'environnement de la bibliothèque, faire connaître ses produits et services et les rendre attrayants pour les utilisateurs, mettre en évidence leurs avantages et montrer comment les utiliser, tels sont quelques-uns des objectifs des bibliothèques alignés sur les objectifs de la promotion.

---

2 Document en ligne non paginé.

On comprend ainsi l'importance pour les professionnels de l'information d'être conscients de la nécessité d'adopter des techniques visant à actualiser les services offerts par la bibliothèque, comme nous le verrons dans la section suivante, qui traite du marketing appliqué aux bibliothèques universitaires.

4 LE MARKETING APPLIQUÉ AUX BIBLIOTHÈQUES UNIVERSITAIRES

Le scénario actuel du début du 21e siècle révèle que les gens sont entourés d'informations à tout moment. Ils ont besoin d'informations et les utilisent dans la plupart de leur vie quotidienne, que ce soit à la maison, au travail ou dans la rue, et pour différentes raisons, les gens ont besoin d'informations, ce qui en fait un vaste marché à aborder et à appliquer avec une qualité de transfert, en vue du processus de récupération des produits et des services d'information.

L'information existante doit être organisée afin de répondre aux besoins d'information. Dans cette perspective, les institutions qui traitent l'information comme un produit de service doivent investir afin d'atteindre les objectifs qu'elles se sont proposés et qu'elles ont définis. Dans ce scénario, le rôle de la bibliothèque apparaît comme une source qui met à disposition un grand nombre de documents et qui a tout intérêt à offrir un niveau élevé de traitement et d'échange de l'information.

La bibliothèque universitaire, considérée comme une organisation réceptive et motivante, vise à répondre aux besoins de son public cible et tous ses services sont conçus pour satisfaire les utilisateurs actuels et potentiels qui fréquentent son espace. C'est dans ce contexte que le marketing pour les bibliothèques prend tout son sens, les administrateurs de bibliothèques devant être en mesure de développer des moyens d'intégrer des changements qui facilitent une évaluation positive de la disponibilité de l'information.

Des recherches et des études ont montré que l'adoption de techniques de marketing contribue à la gestion de la bibliothèque et est considérée comme une proposition innovante qui facilite l'accès de l'organisation au public cible et lui permet de mieux utiliser les ressources dont dispose la bibliothèque universitaire pour la recherche et la diffusion de l'information.

Sur la base de cette hypothèse, le bibliothécaire qui gère la BU assume un rôle de leader dans la mesure où, en plus de jouer un rôle important dans l'adoption d'actions marketing, il influence l'ensemble de l'équipe dont il a la charge.

Selon Amaral (1998, p. 49), le marketing est adopté par les bibliothèques universitaires :

[...] il est intéressant de réfléchir aux avantages du marketing en tant qu'outil de gestion pour améliorer les performances des centres d'information. Cette réflexion pourrait aider les unités d'information à remplir de manière satisfaisante leur rôle en tant qu'organisations essentielles au développement social, économique, social, politique et culturel de la société.

Les professionnels de l'information doivent être conscients qu'un marketing bien appliqué dans les BU, en tant qu'outil améliorant la fourniture de services, est une garantie de succès dans la gestion des bibliothèques universitaires, ajoutant de la valeur et contribuant à la satisfaction des utilisateurs des services d'information fournis.

Sur ce point, Ottoni (1995, p. 1) affirme que :

Le marketing dans les centres d'information peut être compris comme une philosophie de gestion administrative dans laquelle tous les efforts convergent pour promouvoir, aussi efficacement que possible, la satisfaction de ceux qui ont besoin et utilisent les produits et services d'information. C'est l'acte d'échanger des biens et de satisfaire des besoins.

Cela signifie que toutes les personnes impliquées dans l'administration des bibliothèques ont la responsabilité de promouvoir les produits et services d'information, car c'est en satisfaisant l'utilisateur final qu'elles sauront si l'échange qui les intéressait toutes les deux a eu lieu.

Sur la base de ce qui précède, on peut constater qu'un plan de marketing est nécessaire pour que les objectifs fixés par les bibliothécaires contribuent à atteindre les buts qu'ils se sont fixés, comme nous l'expliquerons dans le chapitre suivant.

4.1 PLAN MARKETING APPLIQUÉ AUX BIBLIOTHÈQUES UNIVERSITAIRES

Le plan de marketing doit être l'étape initiale du développement du processus administratif de la bibliothèque, car c'est grâce à lui que les objectifs proposés et les décisions prises motiveront toutes les personnes impliquées dans le processus de marketing.

Pour être efficace, la planification a besoin de communication, de personnes capables d'une gestion active et de services. Selon Cronin, cité par Amarai (1996, p. 6), cela conduira à "un changement de comportement professionnel et à un engagement à faire en sorte que l'utilisateur ait confiance dans la fourniture d'un service de qualité qui compromette favorablement la réputation et l'image du secteur de l'information".

Les professionnels de la bibliothèque chargés d'adopter des mesures visant à améliorer les services fournis par l'unité d'information doivent suivre quelques étapes avant de prendre position sur le marketing de l'unité d'information. Tout d'abord, une enquête doit être menée pour diagnostiquer la situation de la bibliothèque et ce qui doit être amélioré, afin d'utiliser ces informations pour définir les objectifs que la bibliothèque souhaite atteindre en adoptant des techniques de marketing dans son environnement.

Image 2 - Organigramme du plan de marketing

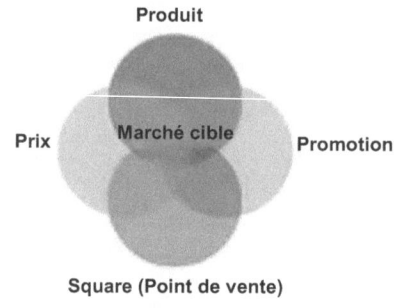

SOURCE : Mais Consultoria.

En ce qui concerne le diagnostic, Matthews (1987) propose quelques questions qui peuvent aider à recueillir des données à analyser :

S Nos produits et services répondent-ils aux besoins des utilisateurs que la bibliothèque universitaire vise à servir ?

S Qui sont nos concurrents ?

S Y a-t-il des pièces de notre collection qui pourraient être éliminées ?

S Quels sont les ressources et les services de la bibliothèque les moins utilisés ? Quelle en est la raison ?

S Comment ces services pourraient-ils être améliorés ?

S Le catalogue en ligne est-il pratique et facile à utiliser ?

Sur la base de l'analyse des réponses, il est possible de formaliser la manière d'adopter les alternatives pour développer le marketing mix de la bibliothèque universitaire.

4.2 LE MARKETING MIX (4PS) APPLIQUÉ AUX BIBLIOTHÈQUES UNIVERSITAIRES

Compte tenu de la nécessité de consolider l'application du marketing aux services fournis par les professionnels de l'information dans la bibliothèque universitaire, l'application du marketing mix suggéré par McCarthy (1976) est nécessaire pour obtenir les résultats escomptés, comme le montre le graphique suivant :

Image 3 - Organigramme des 4 P de la bibliothèque universitaire

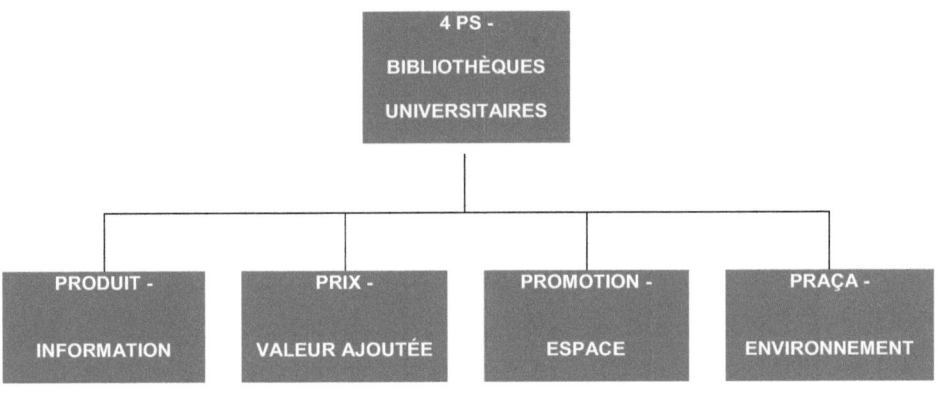

SOURCE : Auteur (2012).

31

Il est clair que les quatre P : Produit, Prix, Place et Promotion du marketing mix "comprennent un ensemble d'outils créés stratégiquement pour que l'entreprise atteigne ses objectifs sur le marché cible". (KOTLER, cité par MATTA, 2007, p. 124).

Sur la base de cette hypothèse, considérée comme une organisation, l'UB utilise les outils que le marketing crée et met à sa disposition pour atteindre ses objectifs. Par conséquent, le point suivant traitera de chacun des aspects du marketing et de leur rôle dans la bibliothèque.

4.2.1 Produit

Si l'on considère le produit dans le service fourni par les bibliothèques universitaires, on peut comprendre que l'information est le produit que la bibliothèque fournit à ses utilisateurs avec une valeur d'échange, où la bibliothèque fournit l'information et les utilisateurs la reçoivent en fonction de leurs besoins, l'information étant le bien le plus précieux des consommateurs qui recherchent la connaissance.

Selon Dalosto (2009, p. 30), " la bibliothèque s'articulera autour de l'objectif d'être un agent de diffusion de l'information, sous la forme de certains services fournis sur la base des besoins et des désirs des utilisateurs ". On peut donc en déduire que la BU fournit le support d'information dont la communauté académique a besoin pour susciter de nouvelles connaissances chez les chercheurs en général.

4.2.2 Prix

Dans certaines bibliothèques universitaires, les services peuvent être payants afin que les coûts soient couverts par les amendes, mais il y a une forte résistance à cela. De nombreux utilisateurs se plaignent de cette attitude, affirmant que les services devraient être gratuits. Malgré cela, Silveira (1992, p. 75) affirme que :

La tarification apparaît comme une alternative, non seulement comme un moyen de recouvrer les coûts, mais même comme un moyen d'autosuffisance pour la bibliothèque. Il convient toutefois de rappeler que les politiques de tarification affectent directement les réactions psychologiques des consommateurs face à la valeur et à l'utilisation de l'information, et peuvent entraîner une baisse de l'utilisation des prix et des services.

Cela montre qu'il faut être prudent lors de l'adoption de mesures visant à faire payer la fourniture de services d'information, car cette pratique peut être préjudiciable aux utilisateurs des bibliothèques.

4.2.3 Promotion

En se basant sur l'accent mis sur la promotion dans l'environnement de la bibliothèque, on peut déduire que la promotion consiste en une activité qui montre au marché le produit ou le service que la bibliothèque fournit afin de maintenir une relation de communication entre la bibliothèque et l'utilisateur. Selon Guimarães (2007, p. 144 apud SANTOS, 2008, p. 48), il faut comprendre que :

La promotion appliquée dans les bibliothèques [...] informe les utilisateurs et les autres publics de ces unités de la disponibilité et des avantages des produits et services d'information, et peut contribuer à fidéliser les utilisateurs actuels, à attirer les utilisateurs potentiels et à améliorer les relations entre l'unité et ses publics.

Il convient de souligner qu'une bibliothèque qui utilise la promotion dans ses services génère une image positive et une coopération entre les parties intéressées, avec les efforts des professionnels de la bibliothèque et le soutien des utilisateurs dans la recherche de la visibilité de la bibliothèque afin que l'organisation dont elle fait partie reconnaisse la valeur de son travail, contribuant ainsi à son meilleur développement.

4.2.4 Carré

En ce qui concerne la place, il est entendu que la bibliothèque universitaire doit être considérée comme un point de distribution de l'information et doit être accessible à ses utilisateurs dans un environnement à la fois physique et virtuel, afin de faciliter la recherche d'informations de manière rapide et précise.

De nos jours, la technologie a permis à de nombreuses alternatives de recherche d'être considérées comme positives en termes de possibilité pour l'utilisateur d'être enveloppé dans une couche de choix d'informations, ainsi que de leur permettre d'avoir un contact avec la bibliothèque sans avoir à se déplacer dans son environnement grâce à la disponibilité des pages sur le World Wide Web (web).

Selon Amaral et Guimarâes (2002 apud DALOSTO, 2009, p. 32), les pages web des bibliothèques doivent remplir un certain nombre de fonctions, comme indiqué ci-dessous :

Image 4 - Organigramme des fonctions des pages web de l'UB

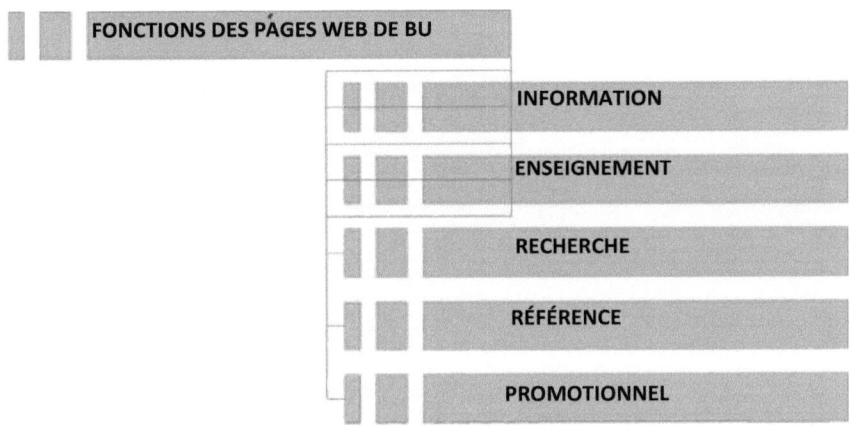

SOURCE : Auteur (2012).

Informative, elle se réfère à l'identification de la bibliothèque elle-même avec toutes les informations pertinentes pour son identification ; instructive, elle donne des conseils sur tous les services offerts par la bibliothèque ; de recherche, elle présente les services de la bibliothèque qui sont disponibles sur le site web ; référentielle, avec des liens vers d'autres sources d'information et promotionnelle, avec les aspects promotionnels de la bibliothèque, c'est-à-dire les logos et les animations qui personnalisent la bibliothèque.

5 CONSIDÉRATIONS FINALES

Au cours de cette recherche, il est apparu clairement que la société actuelle est connue sous le nom de société de l'information et de la connaissance et que, par conséquent, l'information est une ressource qui apporte des avantages dans différents domaines. Cette ressource doit être utilisée de manière organisée, traitée et diffusée afin qu'elle puisse être récupérée par des personnes qui en font un usage stratégique, permettant ainsi le progrès social, politique et économique.

Il est donc clair que les organisations d'aujourd'hui doivent s'insérer dans ce nouveau paradigme si elles veulent survivre sur un marché turbulent et de plus en plus exigeant. Les organisations doivent utiliser des stratégies qui leur donnent un avantage concurrentiel, comme le marketing.

Sur la base de cette hypothèse, les outils de marketing sont considérés comme des instruments qui génèrent des avantages pour les organisations qui traitent de l'information, dans la mesure où ils permettent d'élaborer des plans et des stratégies de gestion afin d'établir une relation meilleure et plus facile avec les clients, et de répondre à leurs besoins et aux objectifs institutionnels définis. Dans le but de garantir la survie de l'institution et sa valeur informative, le marketing peut être appliqué non seulement dans des environnements à but lucratif, comme c'était son objectif initial, mais peut également être adopté dans des organisations à but non lucratif, comme c'est le cas des bibliothèques. Le marketing n'est pas seulement une question de vente, c'est une philosophie des relations entre les clients et l'organisation, il est considéré comme une proposition de travail.

En termes généraux, le marketing est actuellement un outil qui favorise le changement dans toute organisation. Que ce soit dans n'importe quel secteur, puisqu'il s'agit d'un art qui crée et donne une simple valeur aux clients, on peut constater que sa définition, depuis le début, vise à échanger de la valeur entre les organisations et les clients et, tout au long de son origine et de son évolution, de nombreuses organisations se sont trouvées dans l'obligation d'adopter des pratiques de marketing dans leur environnement organisationnel. Par conséquent, il est nécessaire que les organisations à but non lucratif suivent ces pratiques.

La bibliothèque étant une organisation à but non lucratif et un espace où se déroulent les pratiques d'information dans le cadre de ses activités quotidiennes, ses objectifs doivent être fixés en vue d'améliorer ses services et de servir son public cible. La bibliothèque universitaire a pour mission de fournir des services d'information compatibles avec les activités d'enseignement, de recherche et de vulgarisation.

En tant que telle, la bibliothèque universitaire est considérée comme une organisation réceptive et motivante qui vise à répondre aux besoins de son public cible et tous ses services sont conçus pour satisfaire les utilisateurs actuels et potentiels qui fréquentent son espace. En ce qui concerne le marketing des bibliothèques, les responsables des bibliothèques doivent être en mesure de développer des moyens d'intégrer les changements qui facilitent une évaluation positive de la disponibilité de l'information. Un plan marketing est donc nécessaire pour que les objectifs fixés par les bibliothécaires les aident à atteindre leurs buts.

On peut en déduire que bien qu'il y ait beaucoup de recherches dans le domaine du marketing, ainsi que des discussions sur son applicabilité dans les unités d'information, il est de la plus haute importance et nécessité que ce sujet ne soit pas épuisé au fil du temps, puisque la gestion des bibliothèques universitaires dépend de ces outils d'organisation dans leur sphère. Compte tenu de la croissance de l'information et du développement accéléré des technologies de l'information, il est nécessaire, par exemple, d'appliquer le marketing dans la bibliothèque d'aujourd'hui face au développement des réseaux sociaux, en les utilisant comme un outil de communication, d'interaction et d'information avec leurs utilisateurs, où le public cible a la liberté d'exprimer ses souhaits par rapport aux services et produits offerts, et les organisations peuvent plus facilement découvrir les souhaits de leurs clients-utilisateurs.

Enfin, il est recommandé de mener des études et des recherches sur le thème du marketing appliqué aux bibliothèques, en particulier aux bibliothèques universitaires, afin d'augmenter la production scientifique sur le sujet en vue d'enrichir la science dans ce domaine.

RÉFÉRENCES

AMARAL, Sueli Angélica do. **Marketing :** approche en unités d'information. Brasilia : Thesaurus, 1998.

AMARAL, Sueli Angélica do. Marketing et défis professionnels dans les centres d'information. **Ciência da Informação**, Brasilia, v. 25, n. 3, 1996. Disponible à l'adresse suivante :

<http://revista.ibict.br/ciinf/index.php/ciinf/article/view/452/411>. Consulté le : 09 avril 2013.

ARAÙJO, Eliane Alvarenga de. Information, société et citoyenneté : gestion de l'information dans le contexte des organisations non gouvernementales (ONG) brésiliennes. **Ciência da Informação**, Brasilia, v. 29, n. 2, p. 155-167, mai/août. 1999.

BAPTISTA, Sofia Galvâo. L'importance de l'étude de l'image organisationnelle pour les unités d'information et leurs gestionnaires. 2004. Disponible à l'adresse suivante

<http://repositorio.bce.unb.br/bitstream/10482/968/2/ARTIGO_ImportanciaEstudol ma gem.pdf>. Consulté le : 21 mars 2013.

BARRETO, Aldo de Albuquerque. **La question de l'information**. 2004. Disponible à l'adresse suivante

<http://aldoibct.bighost.com.br/quest/quest2.pdf>. Consulté le : 15 mai 2013.

BIBLIOTHÈQUE SANS FRONTIÈRES. Disponible à l'adresse suivante

<http://bsf.org.br/wp-content/uploads/2010/04/biblioteca-parque-manguinhos2.jpg>.
Consulté le : 20 mars 2013.

COBRA, Marcos. **Les bases du marketing** : une approche brésilienne. 4. ed. Sâo
Paulo : Atlas, 2011. p. 20.

CUNHA, Murilo Bastos. **La bibliothèque universitaire à la croisée des chemins**.
2010. Disponible à l'adresse suivante

<http://www.dgz.org.br/dez10/Art_07.htm>. Consulté le : 24 mars 2013.

DALOSTO, William de Oliveira. **Le marketing dans les bibliothèques
universitaires : les** bibliothèques universitaires du Rio Grande do Sul à la fin de la
première décennie du XXIe siècle. Porto Alegre : 2009. Disponible à l'adresse
suivante :

<http://www.lume.ufrgs.br/bitstream/handle/10183/19010/000717881.pdf?sequence
= 1>. Consulté le : 20 Feb. 2013.

KOTLER, Philip. **Marketing Management**. 5ème éd. Sâo Paulo : Atlas, 1998.

KOTLER, Philip. **Marketing pour les organisations à but non lucratif.** São Paulo
: Atlas, 1994.

KOTLER, Philip ; ARMSTRONG, Gary. **Introduction au marketing**. 4. ed. Rio de
Janeiro : LTC, 2000.

LAS CASAS, Alexandre Luzzi. **Marketing** : concepts, exercices et cas. 8ème édition, Sao Paulo : Atlas, 2009.

LEMOS, Antonio Agenor de. Bibliothèque. Dans : CAMPELLO, Bernadete Santos ; CALDEIRA, Paulo da Terra ; MACEDO, Vera Amâlia Amarante (Orgs.). **Formes et expressions de la connaissance** : introduction aux sources d'information. Belo Horizonte : UFMG, 1998. p. 347 - 366.

MADRUGA, Roberto Pessoa et al. **Administraçâo de marketing** : no mundo contemporàneo. 3. ed. Rio de Janeiro : FGV, 2006.

MAIS Consultancy. Disponible à l'adresse suivante

<http://maisconsultoria.blogspot.com.br/2010/08/por-que-um-plano-de-marketing.html >. Consulté le : 25 mars 2013.

MATTA, Rodrigo Octâvio Beton. Marketing et sites web : recommandations pour la production et la mise à disposition d'informations. In : AMARAL, Sueli Angélica do. (Org.) **Marketing in Information Science.** Brasilia : UNB, 2007. chap. 4, p. 124.

MATTHEWS, A. Segmenter le marché des bibliothèques : une approche pour répondre aux besoins des clients. In : SILVEIRA, Amélia (Org**.) Marketing in libraries and information services** : selected texts. Brasilia : IBICT, 1987. p. 83 - 103.

McCARTHY, E. Jerome. **Basic marketing** : a managerial view. Traduit par Jorge Nunes. Rio de Janeiro : Zahar, 1976.

MILANESI, Luis. **Bibliothèque.** Sao Paulo : Ateliê Editorial, 2002. p. 21.

MILANESI, Luis. **Qu'est-ce qu'une bibliothèque ?** 9ème édition, Sao Paulo : Brasiliense, 1993.

NEVES et al. **University libraries, free access to information and institutional repositories** : contributions to academic knowledge management. 2008. Disponible à l'adresse suivante :

<http://www.sbu.unicamp.br/snbu2008/anais/site/pdfs/2812.pdf>. Consulté le : 24 Feb. 2013.

OTTONI, Heloisa Maria. Les bases du marketing pour les centres d'information. **Ciência da Informação,** v.25, n. 2, 1995. Disponible à l'adresse suivante :

<http://revista.ibict.br/index.php/ciinf/article/view/433/391>. Consulté le : 30 mars 2013.

PRADO, Heloisa de Almeida. **Organização e administraçâo de bibliotecas.** 2. ed. Rio de Janeiro : Livros Técnicos e Cientificos, 1981.

SANTOS, Jovenilda Freitas dos. **Le marketing et son application à la gestion des bibliothèques universitaires** : une étude de cas à l'université fédérale de Bahia.

Salvador : [s.n,.], 2008. Disponible à l'adresse suivante :

<http://www.biblioteca.sebrae.com.br/bds/bds.nsf/A3723514E469530E832575D10 07 CCAB6/$File/Marketing%20na%20gest%C3%A3o%20de%20biblioteca.pdf>.

Consulté le : 21 mai 2013.

SHIRAISHI, Guilherme de Farias ; CAMPOMAR, Marcos Cortez. **Marketing activities in non-profit organisations** : an exploratory study of environmental organisations (**Activités de marketing dans les organisations à but non lucratif : une étude exploratoire des organisations environnementales**). Disponible à l'adresse suivante :

<http://www.ead.fea.usp.br/semead/10semead/sistema/resultado/trabalhosPDF/57 3. pdf>. Consulté le : 17 mars 2013.

SILVA, Milena Celere de Sousa e. Marketing dans les bibliothèques universitaires. In : SEMINARIO NACIONAL DE BIBLIOTECAS UNIVERSITÀRIAS, 15. 2008, Sâo Paulo. **Actes**... Sâo Paulo : CRUESP, 2008. Disponible à l'adresse suivante :

<http://www.sbu.unicamp.br/snbu2008/anais/site/pdfs/2640.pdf>. Consulté le : 19 mai 2013.

SILVEIRA, Amélia. **Le marketing dans les bibliothèques universitaires.** Florianópolis : Ed. da UFSC, 1992.

SOUSA, Beatriz Alves de, **Glossàrio** : Biblioteconomia, Arquivologia, Comunicaçâo, Ciência da Informaçâo. 2. ed. Joâo Pessoa : Ed. Universitària/UFPB, 2008. p. 28.

Printed by Books on Demand GmbH, Norderstedt / Germany